MISSION
DE PHÉNICIE

PLANCHES

MICHEL LÉVY FRÈRES

ÉDITEURS

PARIS, RUE VIVIENNE, N° 2 bis, ET BOULEVARD DES ITALIENS, N° 15

———

TOUS DROITS RÉSERVÉS

MISSION
DE PHÉNICIE

DIRIGÉE

PAR M. ERNEST RENAN

MEMBRE DE L'INSTITUT, PROFESSEUR AU COLLÉGE DE FRANCE

PLANCHES

EXÉCUTÉES

SOUS LA DIRECTION DE M. THOBOIS

ARCHITECTE

PARIS

IMPRIMERIE IMPÉRIALE

M DCCC LXIV

TABLE DES PLANCHES.

MISSION DE PHÉNICIE.

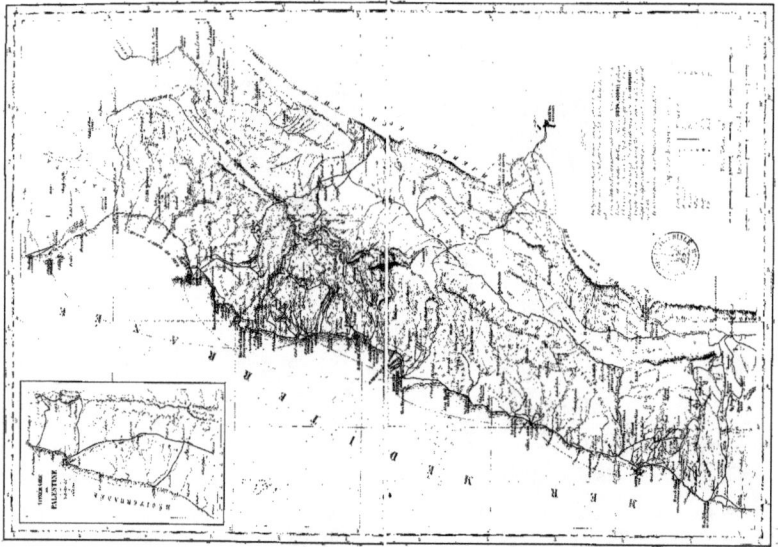

ROAD

PL. II.

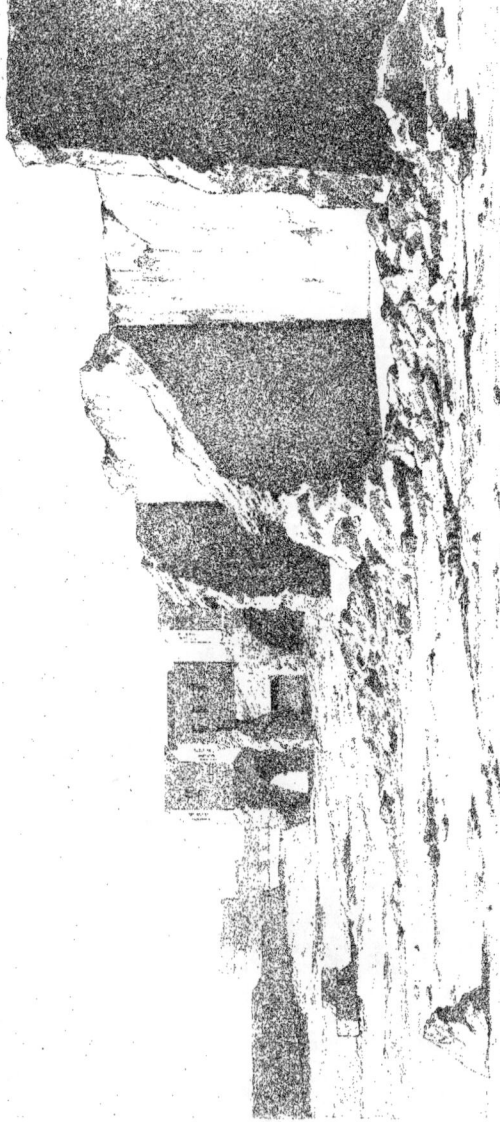

CIVAC

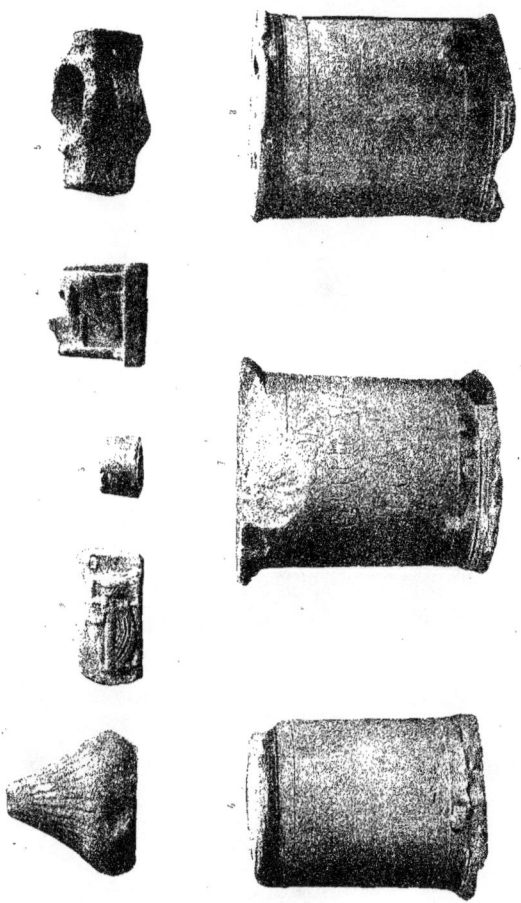

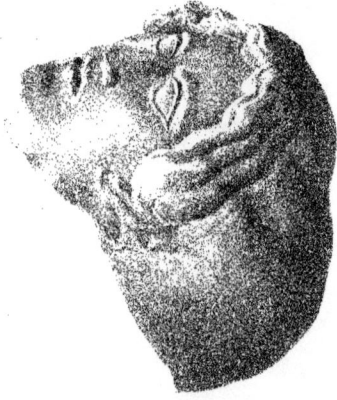

TORTOSE ET ENVIRONS DE TORTOSA

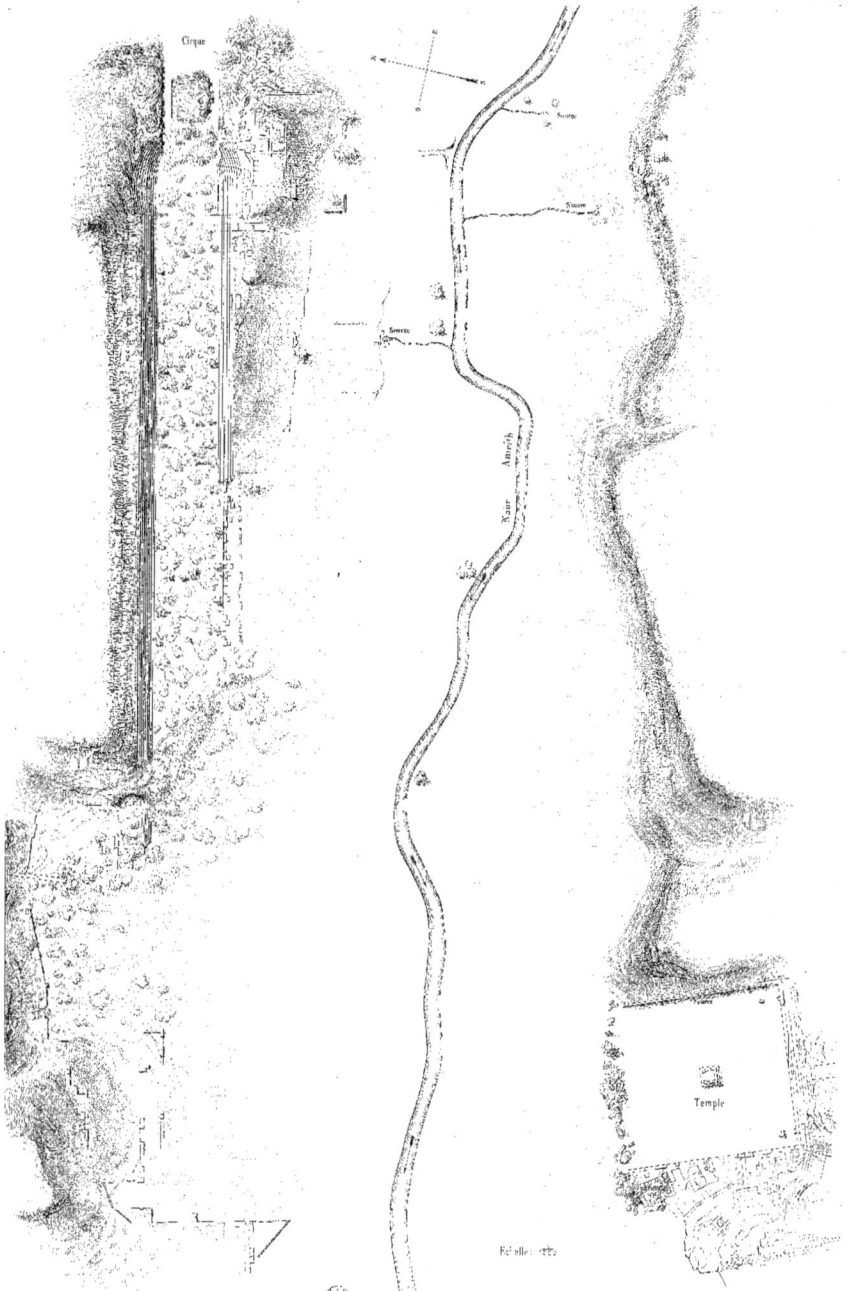

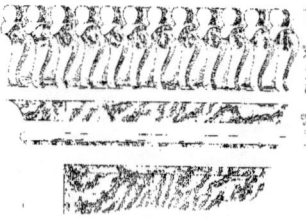

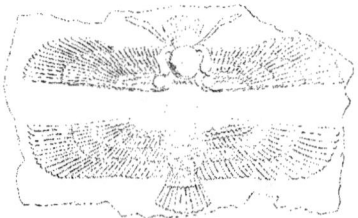

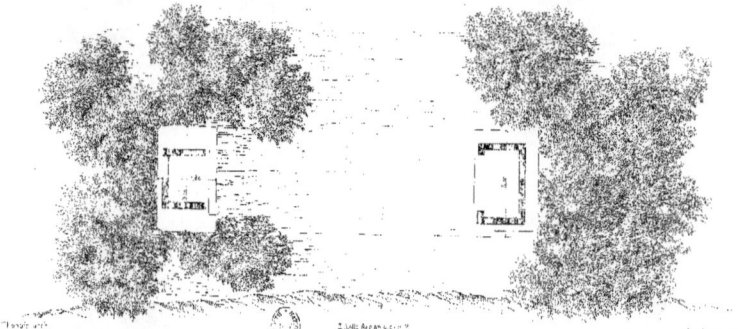

Pl. X

Plan et hauteur de A B.

Les deux trous d'ouverture de note se sont de profondeur.

Echelle des plans du haut, sous p. M.

Profond.

e Plan, coupe la ligne sous ob et une de profondeur.

Thèbes arch.

AMADE

AMRITH

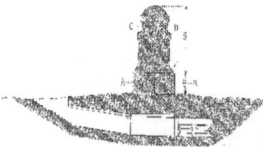

AMRITH

Pl. XIV

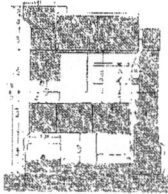

Plan du Rocher d'Amrith.

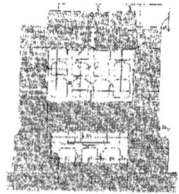

Thomas arch.

Kaeppelin lith.

Imp. Lemercier, Paris.

AMRITH.

d'après E. Lockroy

Lith Margueret

AMRITH

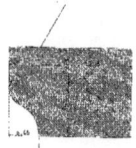

Coupe de la corniche

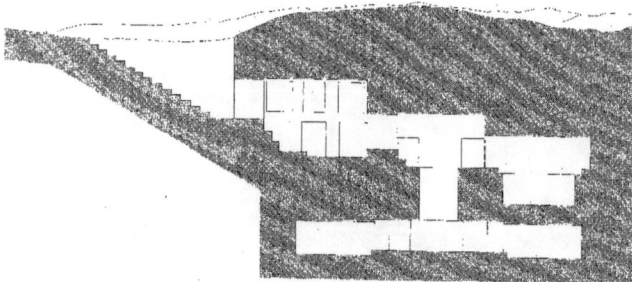

Coupe du niveau K (voy. pl. VII)

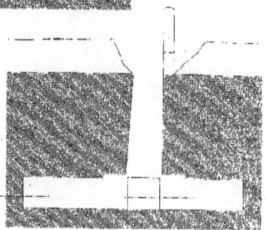

Échelle des Plans

Échelle des Coupes

AMRITH.

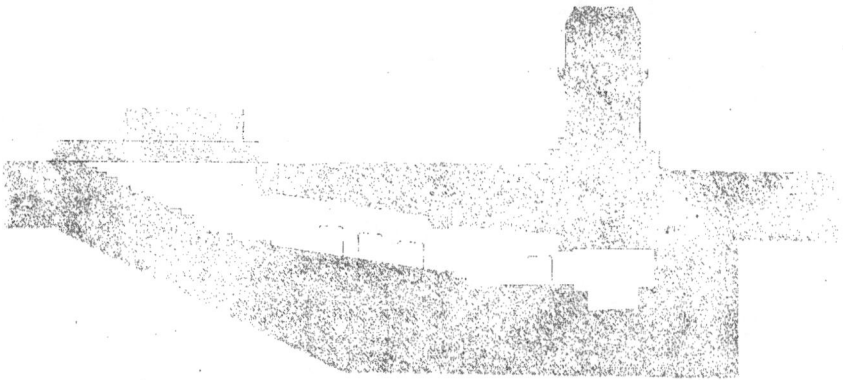

Pl. XVI

AMRITH

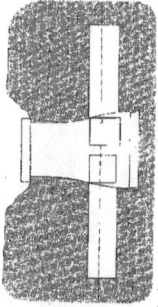

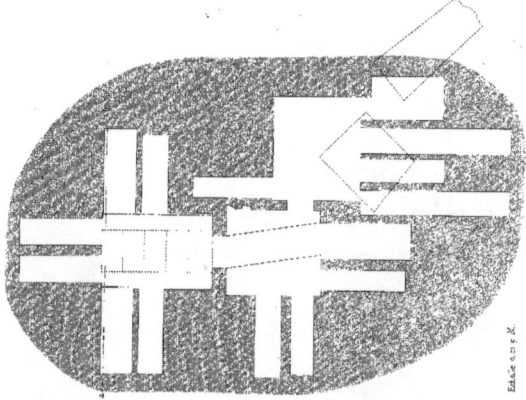

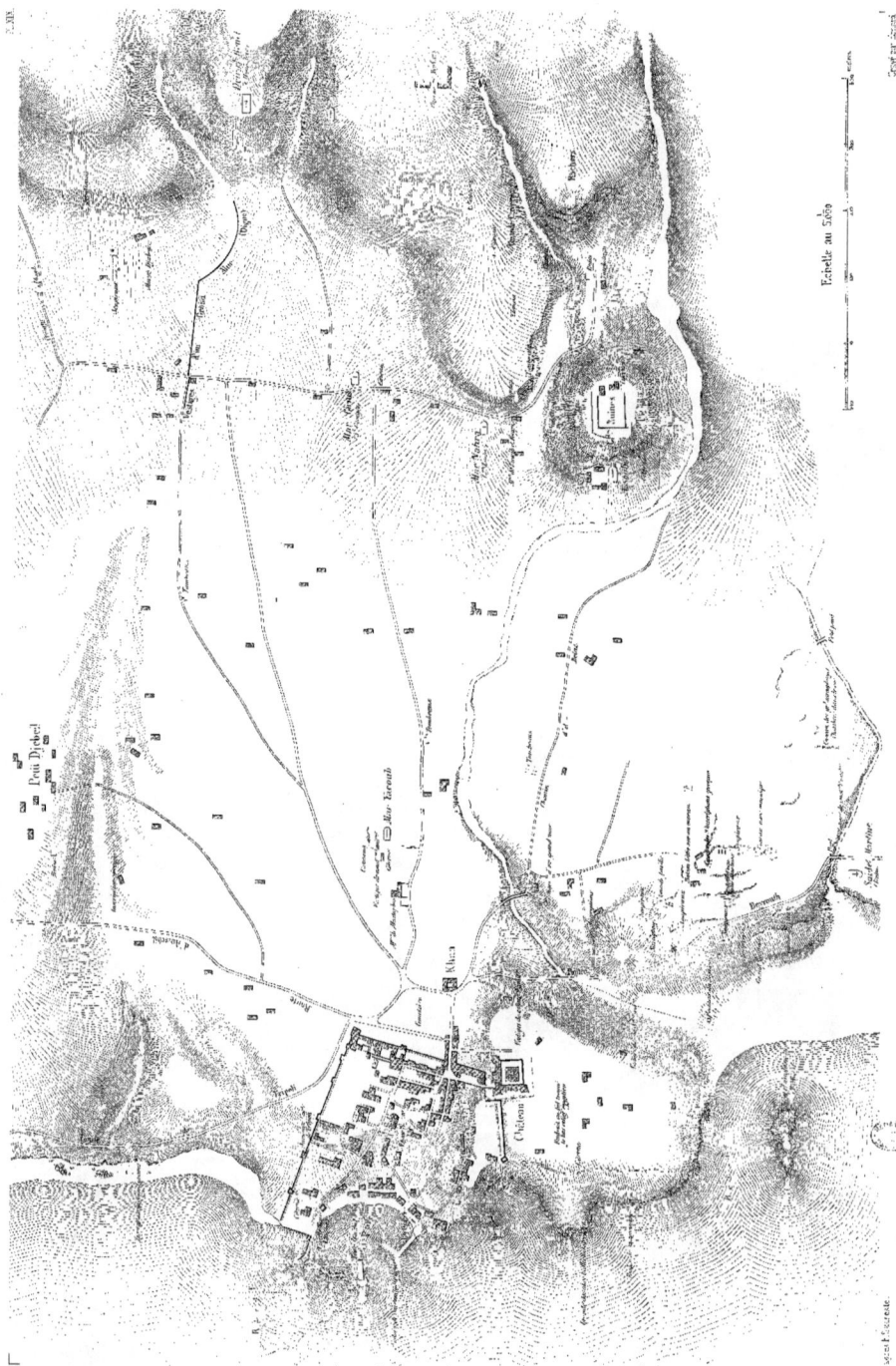

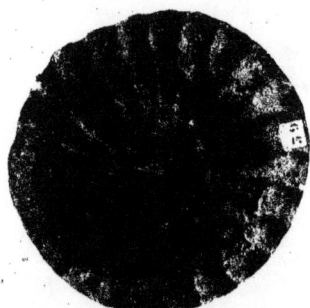

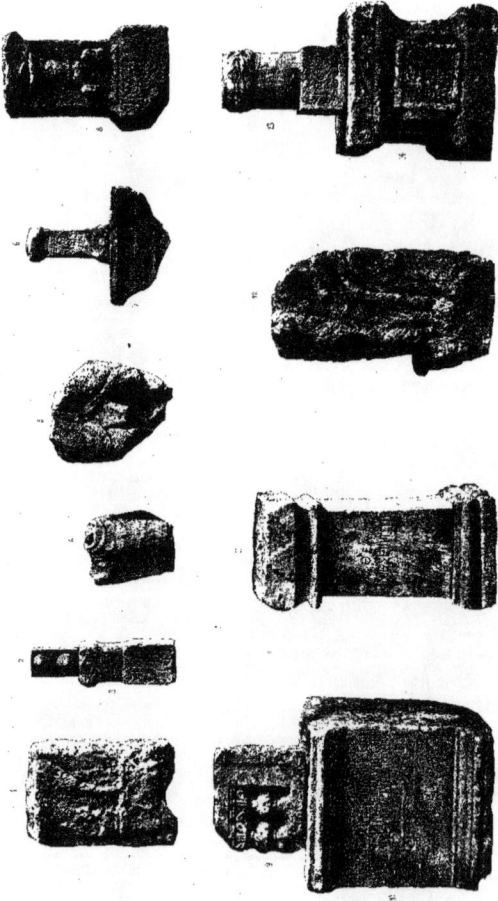

1 2 3 4 5 6 7 8 9 10 11 12 cm

Échelle ¹⁄₂

TIGILAD 2 à 9 GUZEL 4 4 SAURA 10 SAUM 11 à 9 OUM EL AMÂD

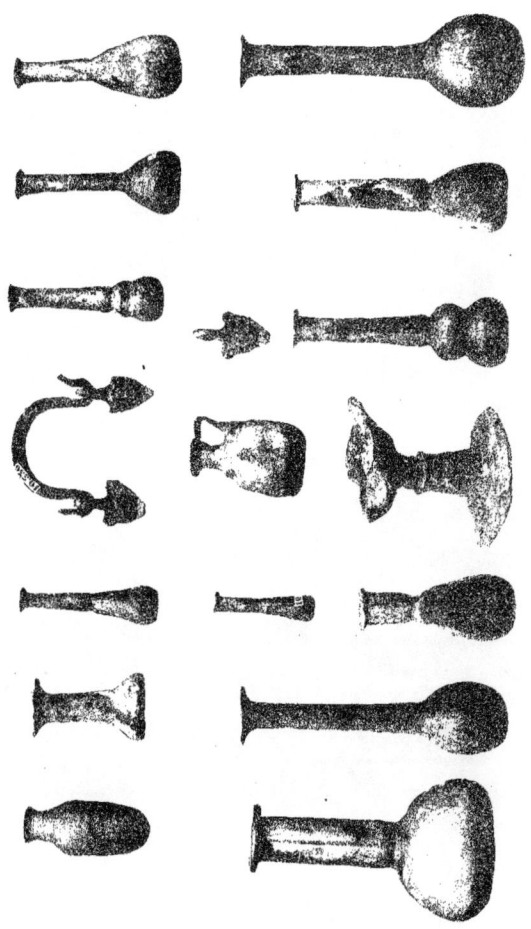

Pl. XIII

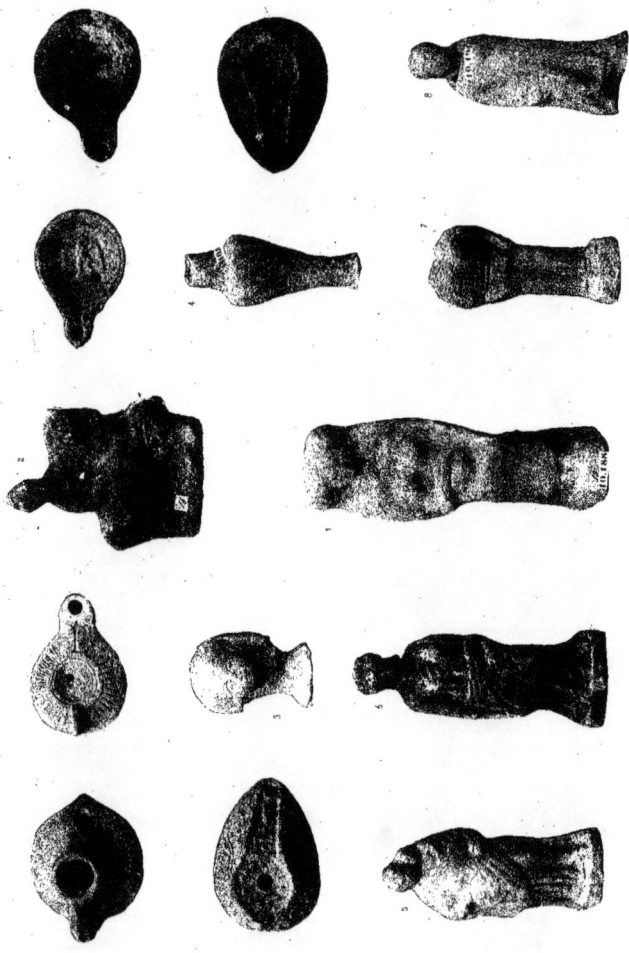

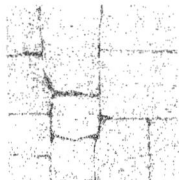

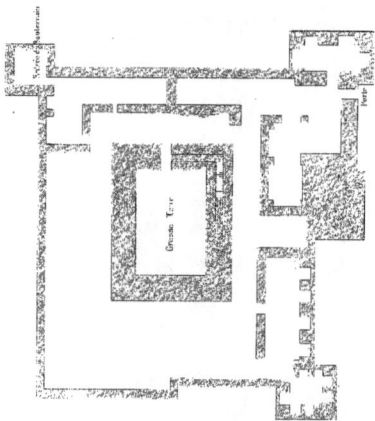

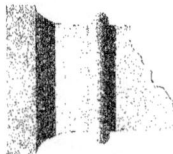

Pl. LXVI

Lith. Mangeon.

GEBEL.

GEBEL

GEBEL

Pl. XXIX

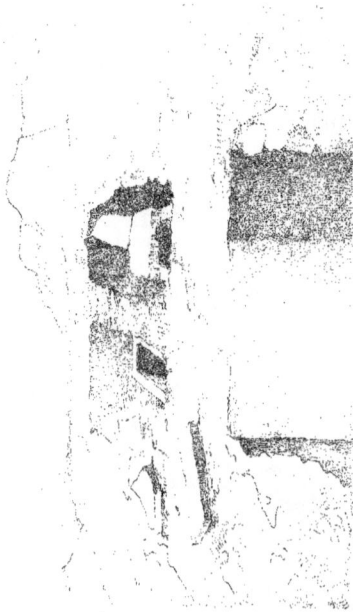
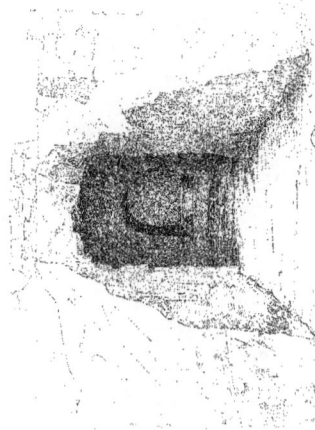

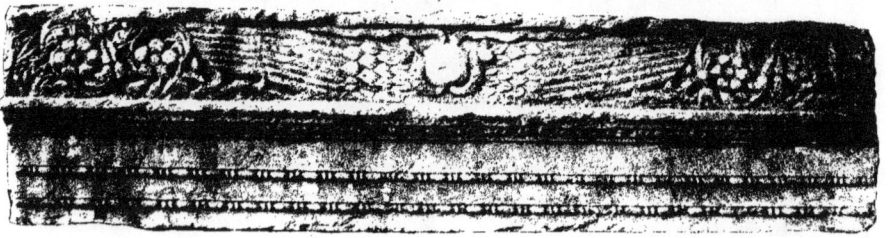

Phototypie Lemercier et Cie Paris

1 OUM EL-AWAMID. 2 MASCHNAKA 3 & 4 GEBEIL 5 ORNITOPOLIS 6 & 7 ENVIRONS DE GEBEIL

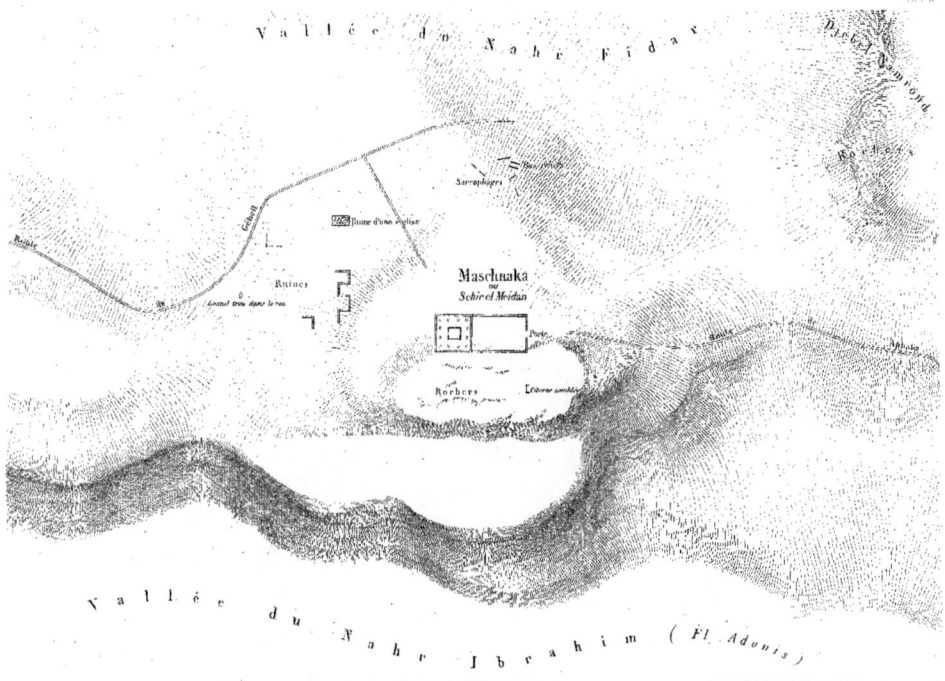

Vallée du Nahr Fidar

Désert du Nord

Sarcophages

Ruine d'une église

Maschnaka
ou
Schir el Meidan

Ruines

Rochers

Porte

Citerne comblée

Rochers

Vallée du Nahr Ibrahim (Fl. Adonis)

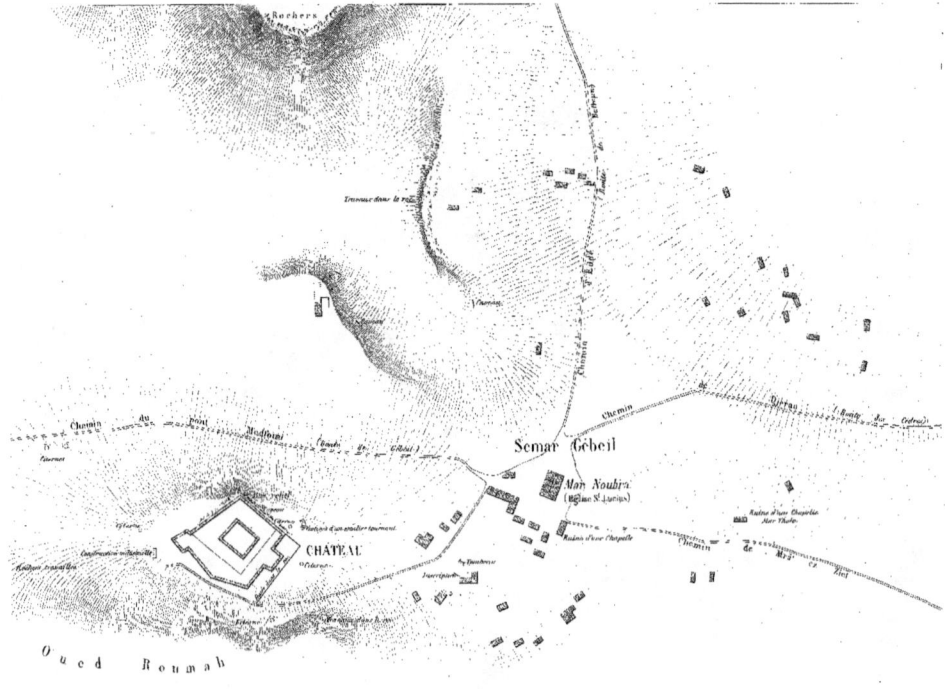

Rochers

Travaux dans le roc

Semar Gebeil

Chemin

Chemin

Chemin du Pont Madfouni

Mar Noubra
(église St. Lucius)

Ruines d'une Chapelle
Mar Theke

CHATEAU

Ruines d'une Chapelle

Chemin de Mar Ef. Atel

Oued Roumah

Échelle des deux Plans : 1:5000

Pl. XXXIII.

D'après P. Sauvage.

Grave par Erhard.

Imp. Lemercier et Cie, rue de Seine 57, Paris.

MASCENAKA ET SEMAR-GEBEIL.

MASEHNARA

MASO-RABA

Pl. XXXVI

SHAMAR-CASTLE

Pl. XXXVII

Pl. XXXIX

dupres F. Lenoiray

Lith. par Mangeant

ROUTE DE GEBEL A DJOUNI.

Imp. Lemercier et C.ie rue Seine 57 Paris

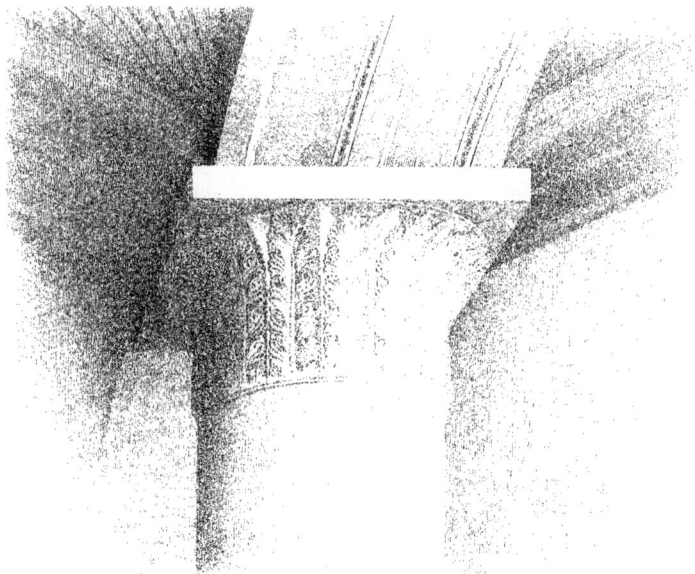

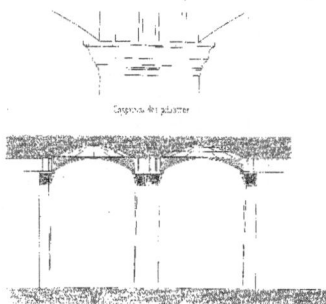

Corniche des pilastres

Coupe a b

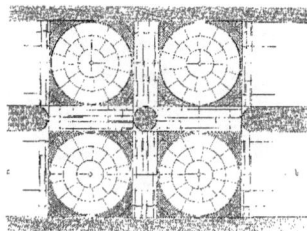

Relevé des plans et coupes d, c, d, y, h

Matiere relié

Lit Mes Jean

Imp Lemercier, et Cie, r Paris.

Fig. 5.

Fig. 1.

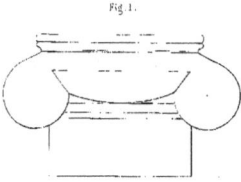

Fig. 2.

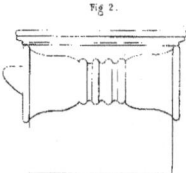

Chapiteau en pierre calcaire placé aujourd'hui près du
bassin de la mosquée Djamn-el-Kaphrala.
(Fig. 1 et 2)

Fig. 3.

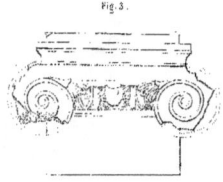

Fig. 4.

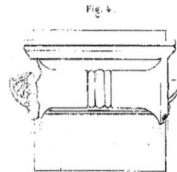

Chapiteau ionique (pierre calcaire dorée) trouvé au sommet
de la montagne de Sar-Dias .fit de Saura.
(fig. 3 et 4)

Échelle commune aux 5 premières figures .

Fig. 6.

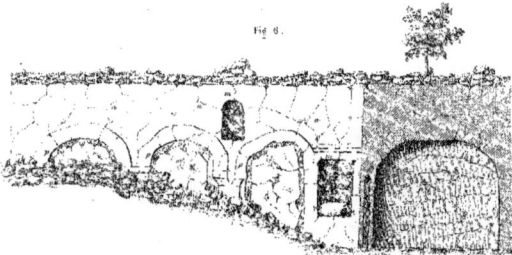

a Couloir verticalement en ruines a.
m, n Niches creusées dans les pas et de a,
p Portes calliquelles dans cette paroi.
q Fenêtre,
r Rainure dans laquelle était engagée la
porte grossièrement sculptée. Fig.o.

Échelle de 0.02 pour 1m.

Fig. 7.

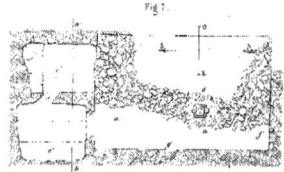

Fig. 8.   Fig 7 Coupe de la chambre c.

a Couloir;
b, c 3 chambres communiquant entre elles
pour le passer d'annlau obliquement,
f Porte le plus parfaite,
e, e' 2 fenêtres creusées dans la car,
r, r' Rainures de la paroi;
f Bas saillie percée ouvert des commencements
de portes, comme les façade de la cuvalier,
Porte de piédestal établi dans la car.

Échelle de 0.01 pour 1 mètre
pour les figures 7 et 8 .

Coupe transversale de la chambre C.
d'après la ligne a b. (Fig.7)

Fig 10.

Fig. 9.

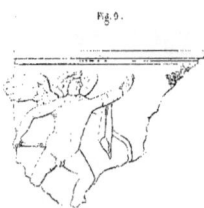

Échelle de ⁶/₁₀

Échelle de ⁷/₁₀

Fig. 11.

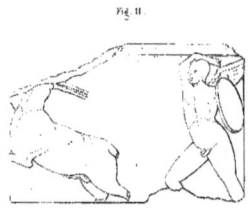

Échelle de ⁴/₁₀

Fig. 2.

Fig. 1.

Fig. 3.

Echelle de ¼.

Echelle de 1/20.

Echelle de 1/20.

Fig. 4.

Fig. 5.

Fig. 6.

Echelle de 1/20.

Echelle de 1/20.

Echelle de 1/20.

Fig. 7.

Fig. 8.

Fig. 9.

Echelle de ¼.

Echelle de 1/10.

Echelle de 1/20.

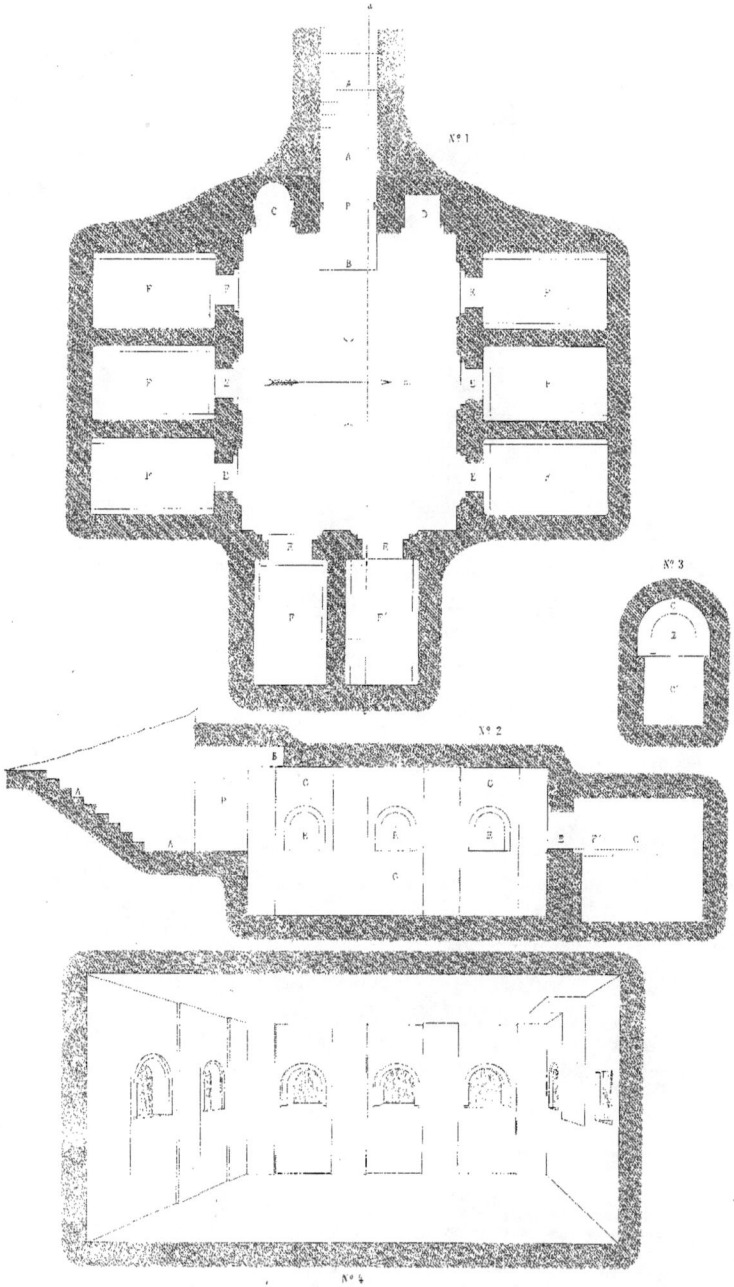

Nº 1

Nº 3

Nº 2

Nº 4

Échelle : 0.12 p. M.

SAÏDA

Dessiné C. Gaillardot.

Gravé par Richard.

Pl. XLV.

N° 1

Echelle : 0.15 p M.

N° 2   N° 3

N° 4   N° 5   N° 6

Echelle : 0.10 p M.

N° 1   Fragment de Sarcophage en marbre blanc formant la partie postérieure d'une dalle. (Maison de Jésuites)

N° 2 et 3   Porte à deux battants en calcaire blanc crayeux.

N° 4   Partie inférieure du battant N° 2. Le pivot a, sur lequel la porte devait rouler, a été effacé à coups de marteau.

N° 5   Partie supérieure du battant N° 3. Le pivot cylindrique percé d'un trou pyramidal de 0.10° de profondeur ne présente
         aucune trace d'usure, de même que celui du battant N° 2. ce qui fait croire que la porte n'a jamais servi.

N° 6   Pivot du battant N° 1, avec son trou pyramidal.

d'après C.Gaillardot.   Gravé par Erhard

SAIDA

Paris, Imprimerie Bertauld.

Pl. XLVI

Depres E. Guillaudet

Lith Rocca...

SAÏDA

Imp Lemercier et C.ᵉ Paris

CABR HRAM.

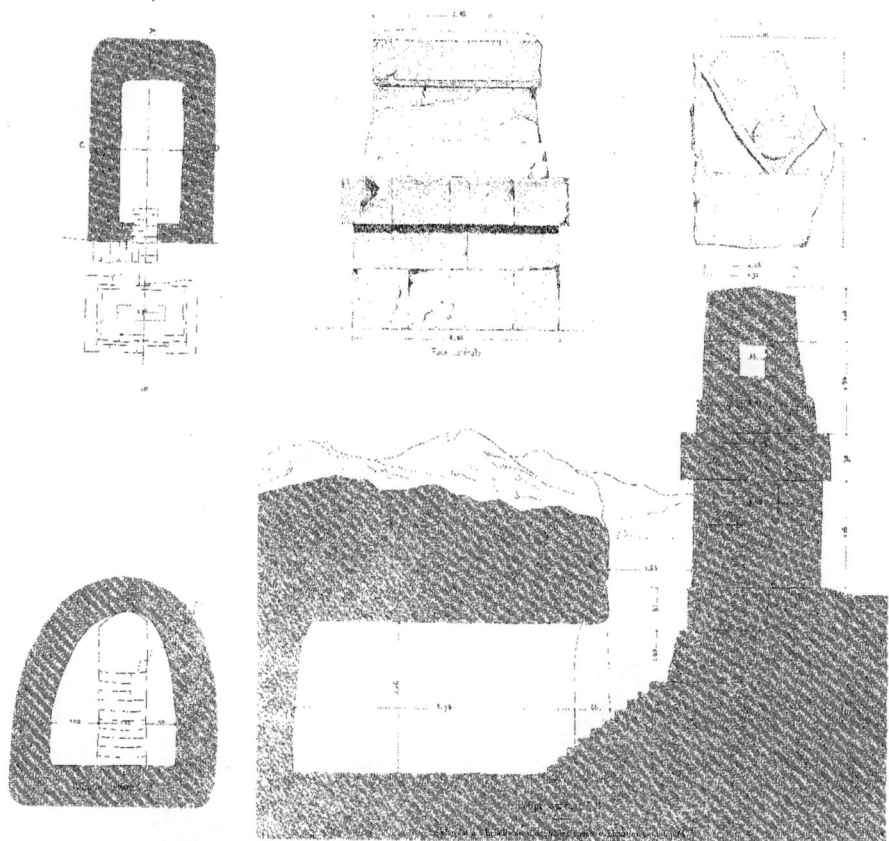

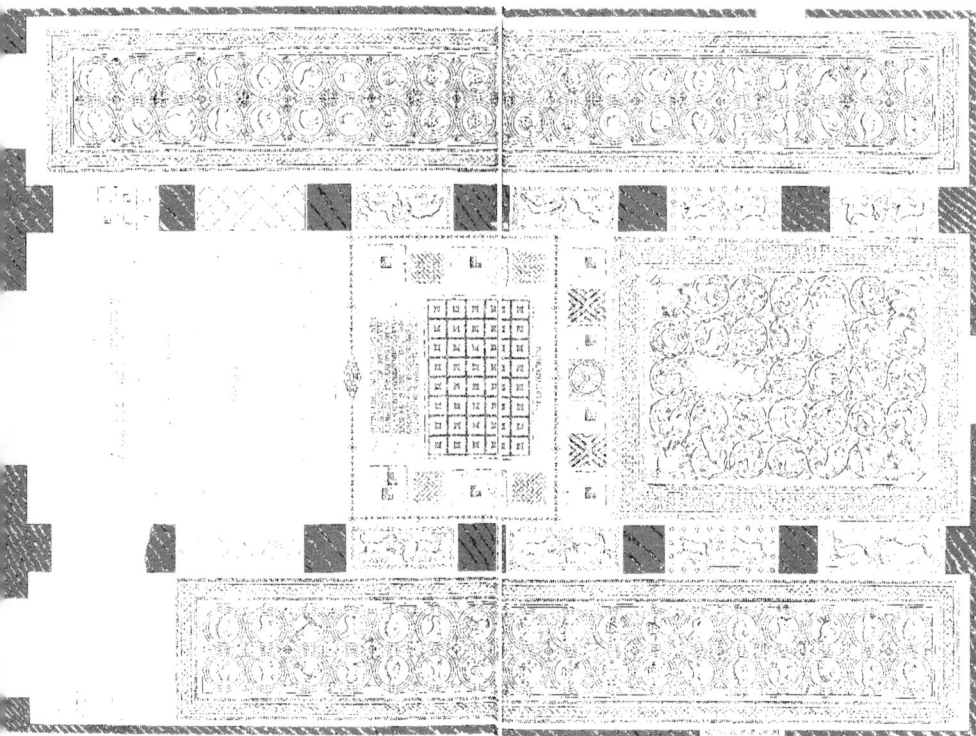

OUM EL AOUAMID

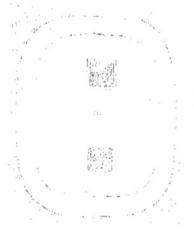

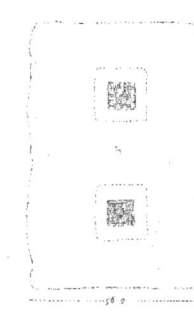

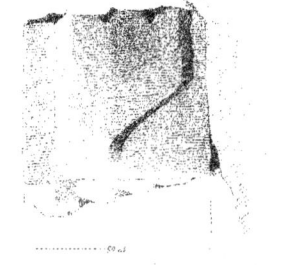

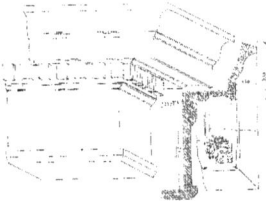

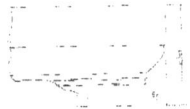

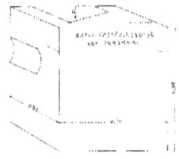

OUM EL-AOUAMID

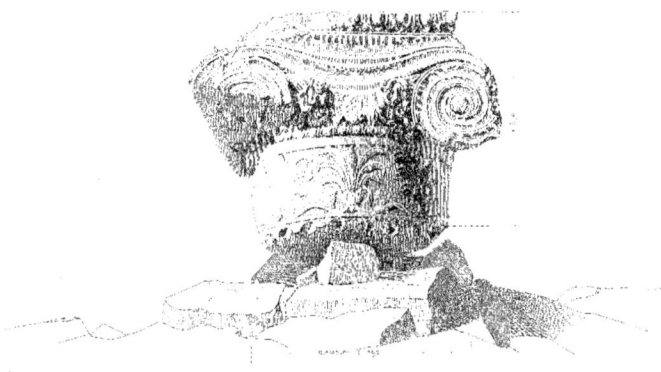

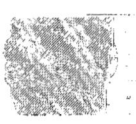

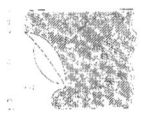

Pl. LII

Pl. LX

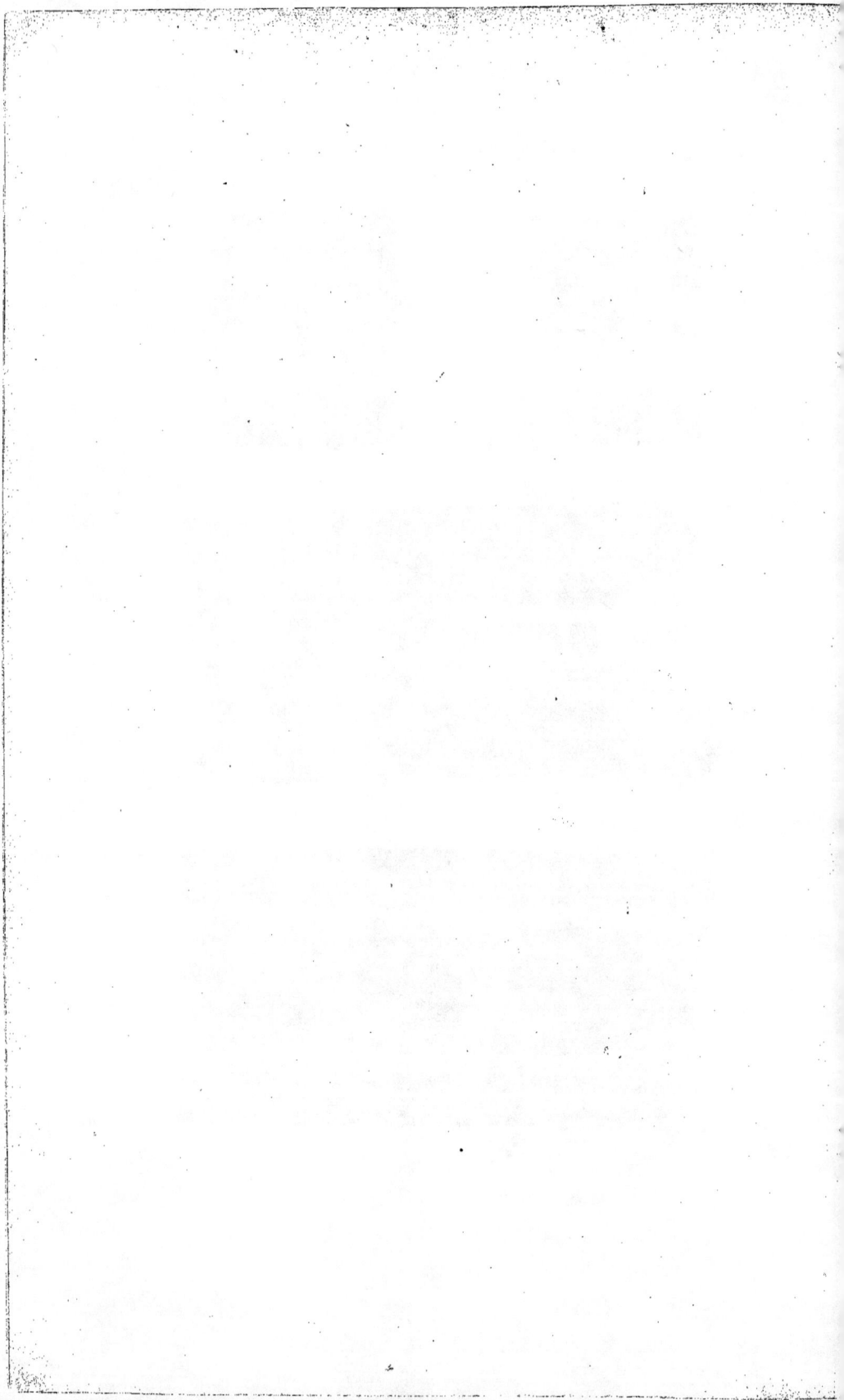

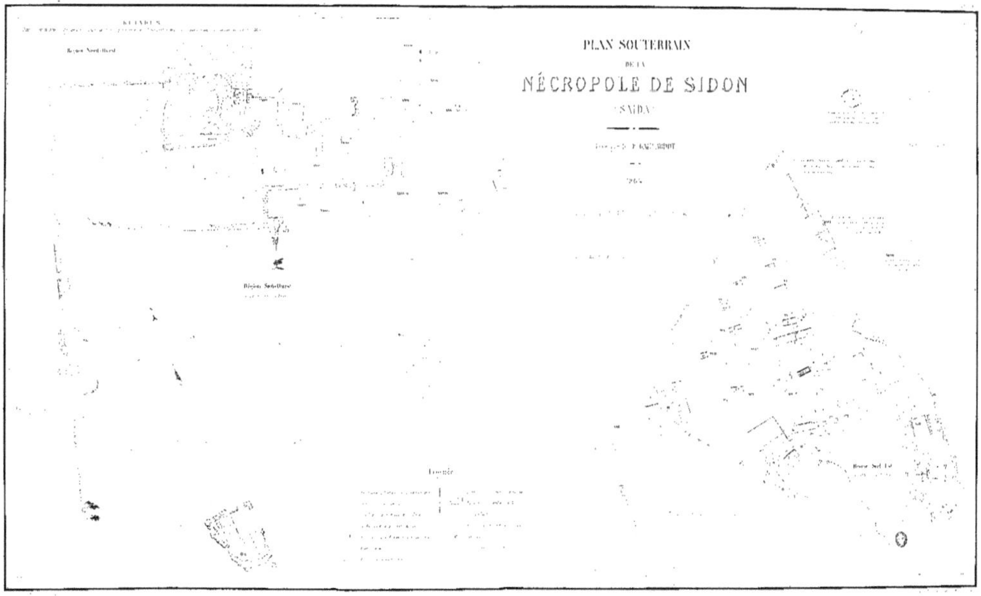

PLAN SOUTERRAIN
DE LA
NÉCROPOLE DE SIDON
(SAÏDA)

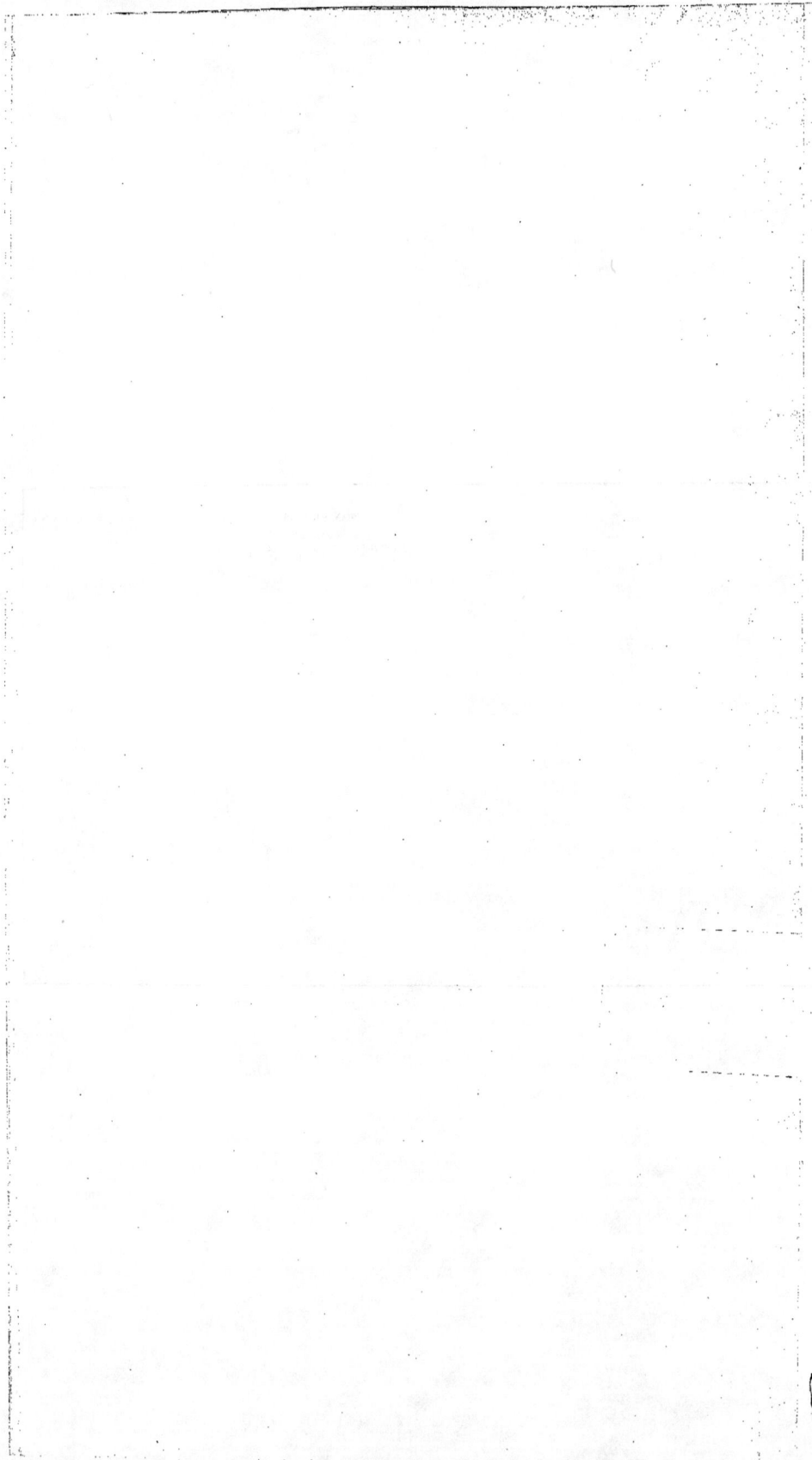

Coupes des Caveaux I et II.

Fig. 1re

Fig. 2e

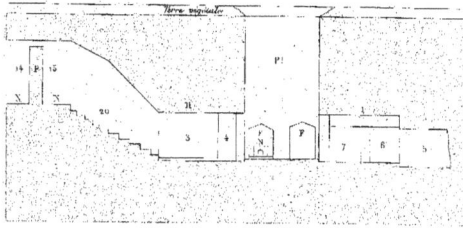

Fig. 1re Coupe des caveaux I et II d'après la ligne a.b du plan.

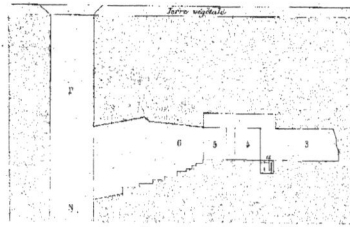

Coupe du caveau I d'après la ligne c.d.

Coupes du Caveau III.

Fig. 1re

Fig. 2e

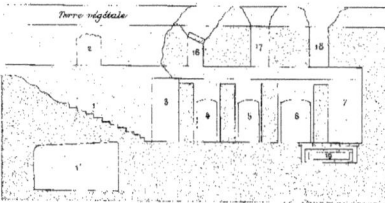

Fig. 1re Coupe suivant la ligne a.b.

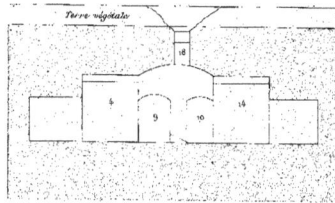

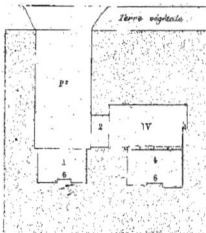

Fig. 2e Coupe suivant la ligne c.d.

Caveau IV.

Coupe suivant la ligne g.h.

Coupes du caveau V.

Fig. 1re Coupe suivant a.f.

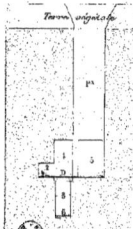

Fig. 2 Coupe suivant a.b.

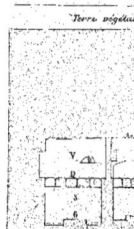

Fig. 3 Coupe suivant c.d.

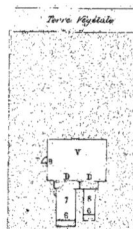

Les lettres et les chiffres ci-après se rapportent au Plan de la nécropole et aux figures 1, 2 et 3.

L'Échelle de toutes ces Coupes est de 0m.008 par Mètre.

Dessin C. Gaillardot.

Gravé par Erhard.

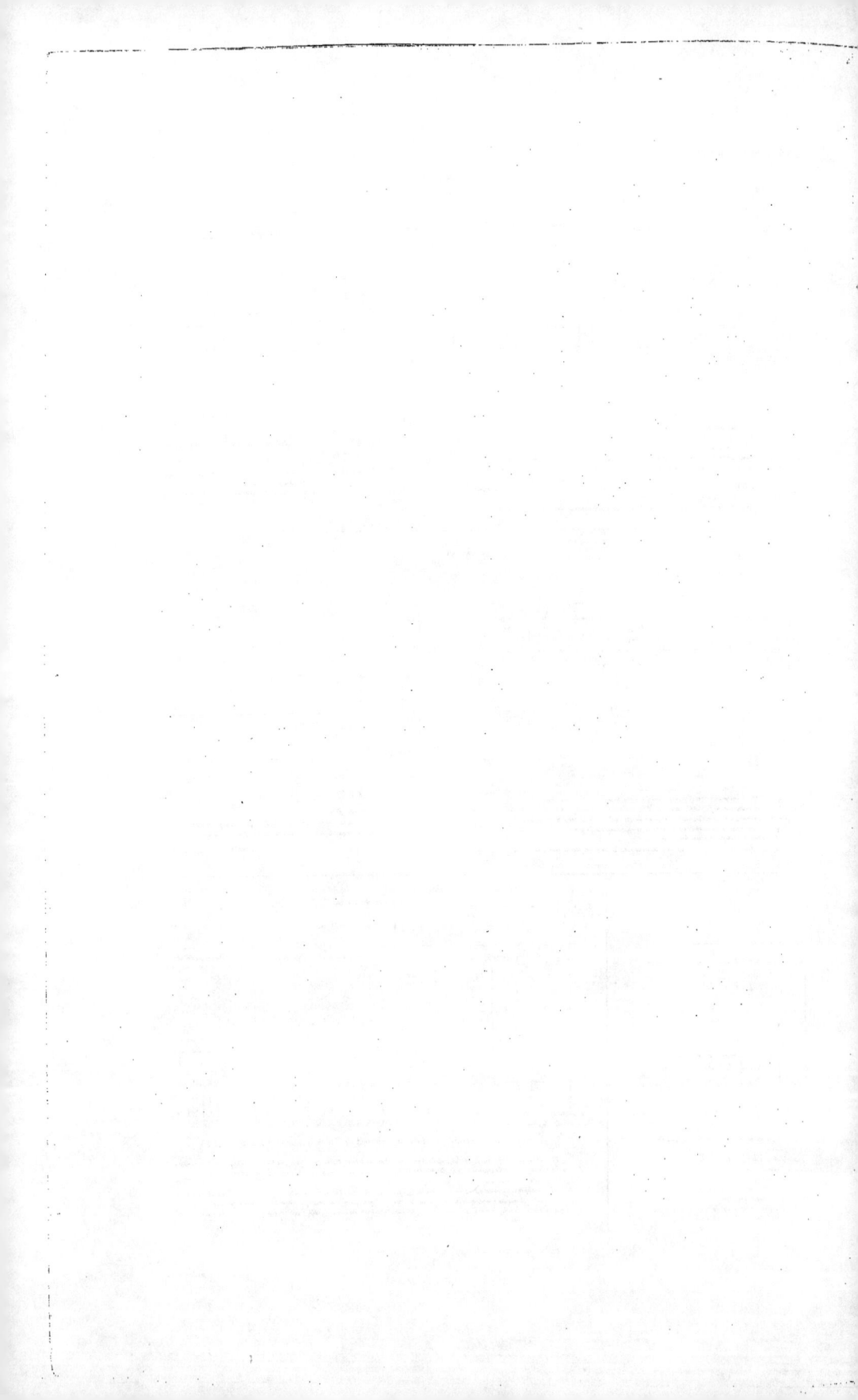

TOMBEAU D'ESCHMOUNÉZER ET MOGHARAT ABLOUNE XXXIII et XXXIV

Même échelle que celle du plan de la Nécropole, 0^m00⅓ par mètre

Fig. 6. Coupe suivant la ligne n m.

Fig. 1. Coupe suivant la ligne a b c.

Fig. 2. Coupe suivant la ligne d e.

Fig. 5. Coupe suivant la ligne X Z.

Fig. 3 Coupe suivant la ligne f g.

Fig. 4. Coupe suivant la ligne h i.

E. Eau se desséchant en été.
P. Puits à eau.
S. Sarcophage dont le couvercle brisé en plusieurs fragments portait une figure couchée au bas.
T. Sarcophage d'Eschmounézer
V. Pierre taillée dont l'affleurent à couper en tranchant servant d'attache aux voûtes.

XXI — Caveaux A et B

Fig. 1. Coupe suivant a b

Fig. 2. Coupe suivant c d

Fig. 3. Coupe suivant e f

Échelle de 0^m004 par Mètre

A. Caveau ne présentant que deux fosses et trouvé au cas de sarcophage en marbre blanc dont le couvercle brisé en petits fragments portait une tête sculptée, la paroi du fond a été détruite et percé par une communication avec le grand caveau XVII.
1. Fosse vide.
2. Caveau mené en marbre quand on le découvre.
3. Fosse avec un sarcophage à figure de femme.
4. Fosse abritant un sarcophage romain. La première en marbre blanc dont le couvercle à la porte de figures à l'intérieur avec une figure couchée au bas bosquet et temolié.
P. Puits rectangulaire au sommet, sera souterrain, et se partage en douze caveaux dont l'un à 9 mètres jusqu'à l'eau, et l'autre s'arrêtant au niveau du marbre.
R. lieu sort des matériaux.

Caveaux XI à XII

Fig. 1. Coupe suivant a b du Caveau XI

Fig. 2. Coupe suivant c d e b, Caveau XII

Échelle de 0^m004 par Mètre

Caveaux VI, VII et VIII

Caveaux VI et VII.

Fig. 1. Coupe suivant a b

Fig. 2. Coupe suivant c d

Fig. 3. Coupe suivant e f

Caveau VIII

Fig. 4. Coupe suivant g h

Fig. 5. Coupe suivant kl

Fig. 6. Coupe suivant m n

L'Échelle des Coupes des caveaux VI, VII, VIII est de 0^m008 par Mètre

Gravé par Erhard.

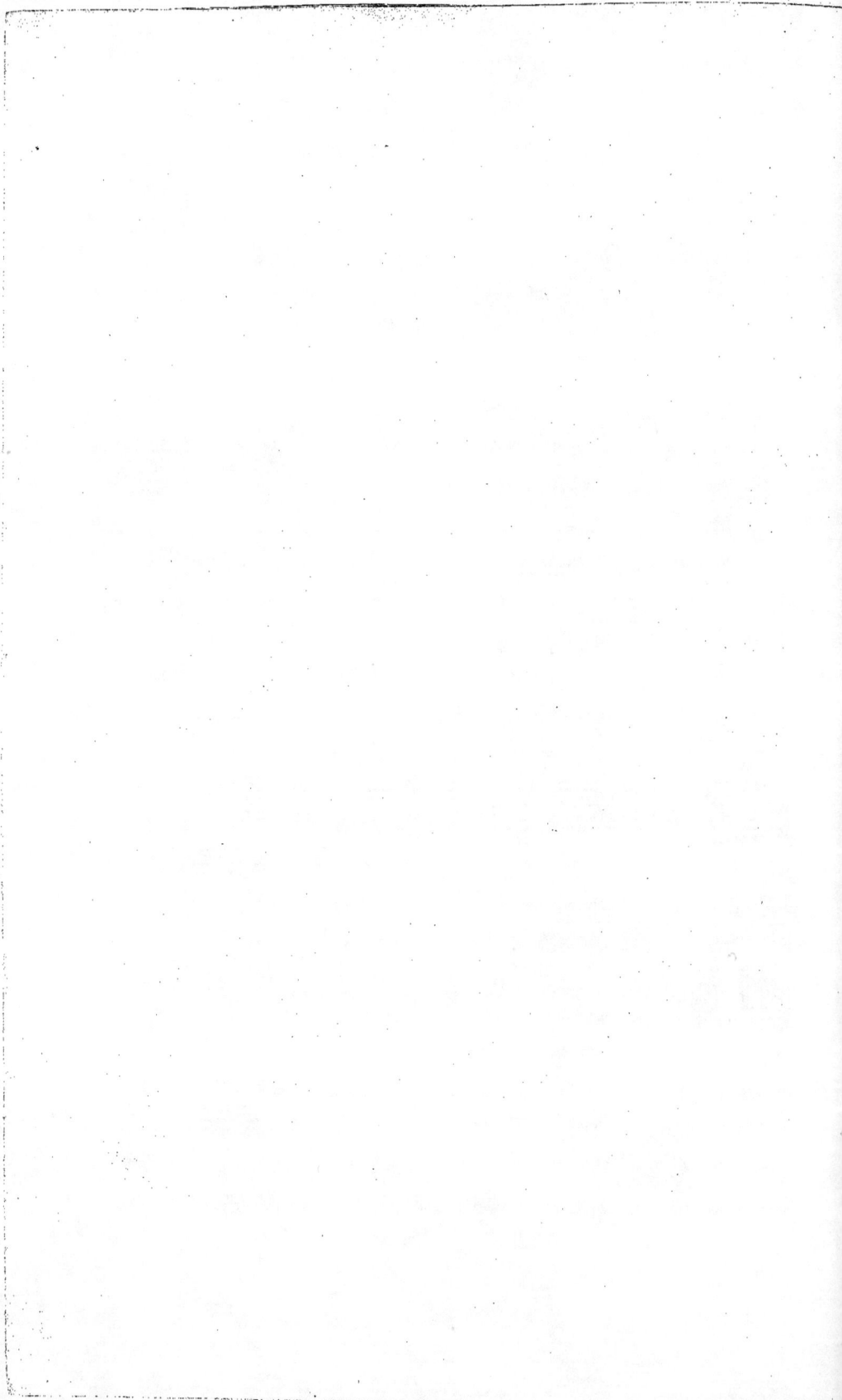

Fig.1.   MOGHÂRAT EL-MAGHDOURA   Fig 3.

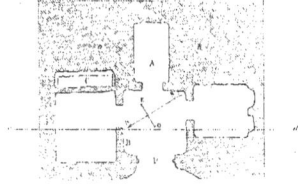

Fig.2.

Fig.4.

Echelle de 4 centimètres par mètre.

Fig.1. *Intérieur du réduit.*
Fig.2. *Coupe.*
Fig.3. *Plan.*

A. *Face dont la porte s'ouvre sur*
tout en face sur la galerie (fig.2.)

B. *Zone dans laquelle ont pratiquées*
sculptés les figures.
C. *Base comme dans le cas*
P. *Arche d'entrée.*

Fig.4. *Coupe du tumulus suivant la ligne c.d.*
Fig.5. *Coupe du plan horizontale suivant la ligne a.b.*

Fig.5.

MOGHÂRAT AÏN EL-ZEITOÛN.

Fig.1.

Fig.2.

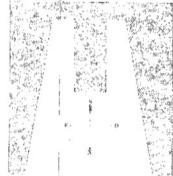

Fig.1. *Vue de la Caverne.*
Fig.2. *Plan.*

Echelle de 4 centimètres par mètre.

SAYYIDET EL-MANTARA.

Fig.1.

Fig.2.

Echelle de 1/200

Légende des figures se rapportant à Sayyidet el-Mantara.

Fig.1. *Intérieur de la grande caverne de Sayyidet el-Mantara.*
Fig.2. *Grotte servant de chapelle au couvent de la montagne de Sayyidet el-Mantara.*
Fig.3. *Grand escalier taillé dans le roc conduisant au lieu.*
Fig.4. *Coupe de la figure 3 d'après la ligne brisée. a.b.*

Fig.4.

Fig.5.

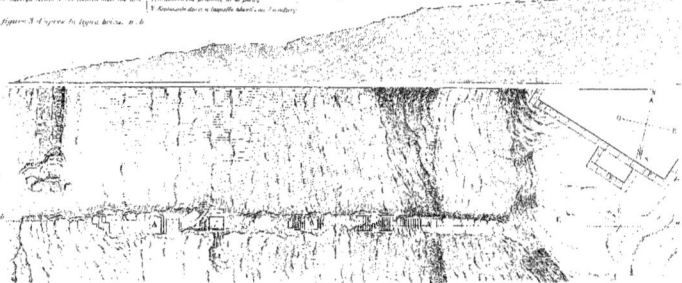

Echelle de 1/400

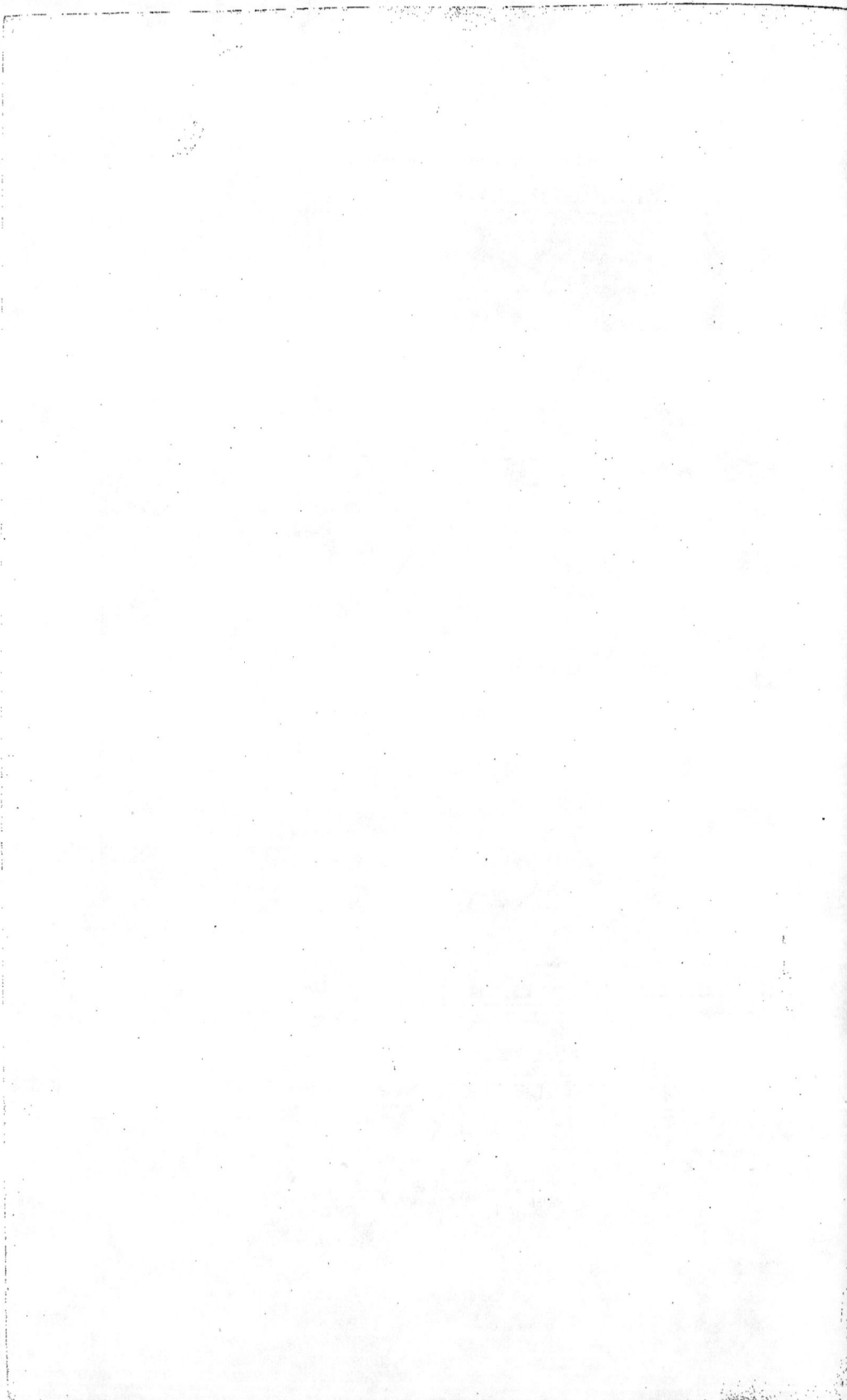

PLAN
DE
SAÏDA
(SIDON)
ET DE SES ENVIRONS
levé par le Dr GAILLARDOT

PLAN
de
SAÏDA
(SIDON)

PORT DU NORD

PORT DU SUD

LÉGENDE

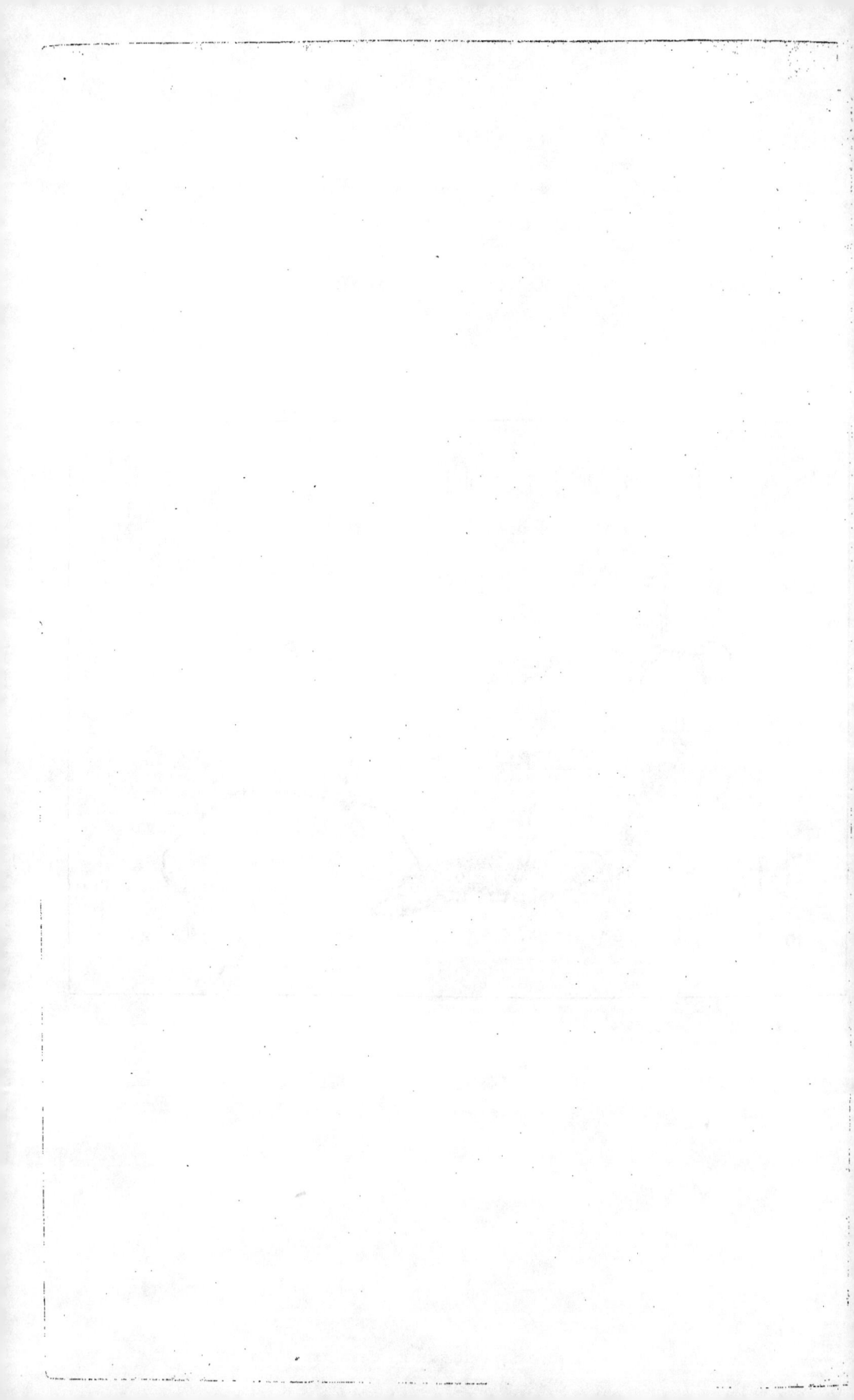

Fig. 1. MUR PHÉNICIEN. ANGLE SUD-OUEST DU PORT. FACE OUEST. ANCIENNE PASSE.

Fig. 2. COUPE DU MUR AU DESSOUS DE LA COLONNE.

Fig. 3. MUR PHÉNICIEN. ANGLE SUD-OUEST DU PORT. FACE SUD.

Fig. 4. ROCHER TAILLÉ DANS L'ILOT. PORTE ET NICHES TAILLÉES DANS LE ROC.

Fig. 5. ROCHER TAILLÉ. TRACES DE CONSTRUCTIONS DANS L'ILOT SITUÉ AU NORD DE LA VILLE.

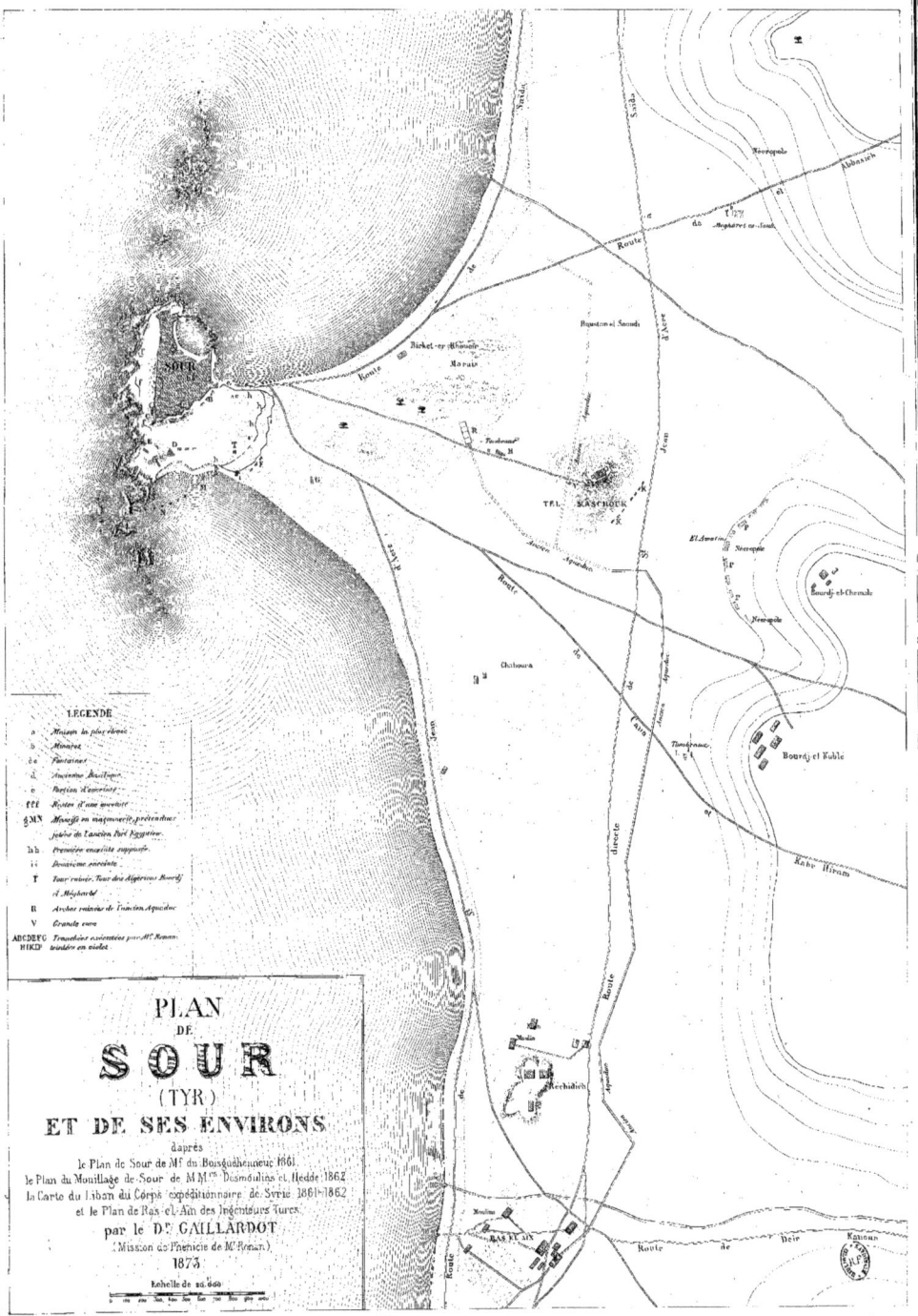

SOUR

Ricket-er-Rhanam
Marais

Tachana

TEL. MASCHOUK

Raouan el Saoudi

Route d'Acre

Route d'Acre

El Aouaria
Necropole

Bourdj-el-Chemali
Necropole

Tombeaux

Bourdj et Kible

Kabr Hiram

Chihours

Mechidieh

Moulin

Route directe

Route de Deir Katoun

Moulins

RAS-EL-AIN

Route de Deir

Abbasieh
Necropole
Megharet es-Saadi

Route de Saida

LEGENDE

a   Maison la plus élevée
b   Minaret
c c Fontaines
d   Ancienne Basilique
e   Portion d'aqueduc
f f f Restes d'une mosquée
g MN Massifs en maçonnerie, prétendues jetée de l'ancien Port Egyptien
h h Première enceinte supposée
i i Deuxième enceinte
T   Tour ruinée, Tour des Algériens Bourdj el Mépharel
R   Arches reteves de l'ancien Aqueduc
V   Grande cuve
ABCDEFG Tranchées exécutées par M'. Renan
HIKP   teintées en violet

PLAN
DE
SOUR
(TYR)
ET DE SES ENVIRONS

d'après
le Plan de Sour de M'. du Boisquéheneuc 1861.
le Plan du Mouillage de Sour de M.Mrs Desmoulins et Hedde 1862
la Carte du Liban du Corps expéditionnaire de Syrie 1861-1862
et le Plan de Ras-el-Aïn des Ingénieurs Turcs
par le D'. GAILLARDOT
(Mission de Phénicie de M'. Renan)
1873

Echelle de 20.000

Gravé par Erhard,12, rue Duguay-Trouin.

Paris. Imp. Lemercier et Cie 57, rue de Seine.

Pl. LXX

1-2, KEFR-BEREIM. — 3, JISCH. — 4, SAFED. — 5, NABARTEIN.

Pl. X

C

D   E

H

F

K

N

G

M

Pl. VII

E. RENAN

MISSION
DE
PHÉNICIE

PLANCHES

www.ingramcontent.com/pod-product-compliance
Lightning Source LLC
Chambersburg PA
CBHW052049090426
42739CB00010B/2108